INEFABLE

-Roberto Avi Molina—

Impresión y editorial: BoD – Books on Demand
info@bod.com.es - www.bod.com.es
Impreso en Alemania – Printed in Germany
ISBN: 9788411744881

Este pequeño poemario va dedicado a una persona muy especial para mí.
Para la persona con los ojos más bonitos que he visto nunca.

Cuando no lo puedes describir con palabras;
cuando es un amor INEFABLE.

FSC
www.fsc.org
MIXTO
Papel procedente de
fuentes responsables
Paper from
responsible sources
FSC® C105338

¿Somos capaces de plasmar nuestros sentimientos?
¿Sabemos a dónde nos llevan?

Siendo sincero, no creo.
Muchas veces ni sabría describirte
realmente lo que siento, sea bueno o malo.

Muchas veces continuamos y luchamos
sin saber que rumbo llevamos.

Lo que tengo claro es la perseverancia y constancia
que emergerá de mí para luchar por
aquello que deseo y amo.

Él y Yo

- *Me alegro de verte, ¿Cómo estás?*

- Solo, como tenía miedo de estar.

- *Aquí estoy, como siempre, para ayudar. ¿De qué quieres hablar?*

- Me gustaría hablarte de una persona, narrar un par de cuentos, recordar mil historias, sacar lo que llevo dentro.

- *Adelante, comienza con ello.*

Él y Yo

- Puedo imaginarme quién era.
¿Es con la que tanto sueñas?

- Es la única manera que tengo de verla,
por supuesto que es ella.

- Intenta empezar, intenta comenzar a soltar.

- Propongo una cosa más: luchar.

¿Y si no?

Todo inicio tiene un final,
pero toda regla tiene su excepción.

¿Y si nunca nos vamos?
¿Y si nuestras almas, presas del amor,
se quedan para siempre juntas?
¿Y si este es el peor inicio con el mejor
final jamás soñado?

Un cuento que no tiene princesa, ni
reina.
Un cuento algo raro, que tampoco tiene
príncipe, ni rey.

Un cuento, que, siendo atípico,
consigue enganchar a cualquiera, por
muy poco lector que sea.
Un cuento, que cuando lo cuento,
la gente incrédula piensa que estoy
loco.

¿Cómo el fuego pudo prender bajo la
nieve?

Noche amiga

Fría y sincera la noche amiga,
la única que, aunque quiera
abandonarla
siempre está cuando se la necesita.
Noches vacías y solas que asimilan,
un mundo sin ti en mi cobija.

Ideas de todo tipo, lluvias interminables
de historias que nunca pasarían.
Historias que serían mucho más
bonitas si
pudiera vivirlas algún día contigo de
protagonista.
Porque tú, protagonista de mis días, no
solo te vale con eso, sino que también,
me robas a mi preciosa amiga.

Noche amiga mía, cómo echamos de
menos la luz que ella desprendía.

Pasa lento mientras se ensaña,
paso firme mientras me araña.
Impaciente veo como pasas,
tiempo.

¿Siempre la echas de menos así?
No, a veces la echo más.

Para amar

Igual que un pájaro fue creado para
volar,
nosotros lo fuimos para amar.

Amar como te ama mi alma,
no como mi corazón, que algún día
morirá.

Mi alma te amará por siempre en el
vacío de la propia existencia, donde sé
que existo, porque te amo.

Algún cretino

Podría mentirte y decirte que todo es
igual,
que mi vida no ha cambiado,
que sigo caminando como si nada
hubiera pasado, pero…

Cómo podría explicarte
que los colores no son tan vivos,
que lo bueno no es tan bueno,
los sabores se sienten menos,
y el mundo se ve distinto.

El tiempo se ralentiza,
las horas se convierten en días,
los días en meses y los meses en años.

"Lo poco, si breve, doblemente bueno",
escuché decir a algún cretino,
será porque jamás disfrutó de un solo
segundo a tu lado, donde el mero hecho
de parpadear, se siente eso, una
pérdida de tiempo.

Él y yo

- *¿Recuerdas el primer beso?*

- Lo recordaré toda la vida, fue increíble.

- *¿Qué sentiste?*

- Probablemente jamás pise la luna o viaje a otro planeta. En ese momento sentí que sería lo más cerca que estaría de tocar las estrellas.

Él y yo

- *¿Qué es ella para ti?*

- Te podría poner algunos ejemplos, pero se quedarían cortos en sentimientos.

- *Prueba, ábrete.*

- Es como ese tejado que te cubre de la tormenta, como esa comida que sabes que nunca te cansarías de comer, como esa película que verías mil veces, como esa canción que genera una sonrisa, como esa sensación de estar en casa aun estando fuera, como ese abrazo que calma todo, como...

- *Vale, lo he entendido, lo es todo.*

Las personas hundidas, rotas, perdidas… Harían cualquier cosa por otra persona porque saben lo que es estar así, y lo darían todo para que no sintieran lo mismo.

Decía que sí a todo para
mantener la paz con todos,
desatando así una guerra en mí.

Compañera

Soledad que tanto me cuesta superar,
vives conmigo aun negándote mi
cariño,
que, siendo merecido, decido no
dártelo.

Soledad, que has sido mi amiga durante
tantos años, es ahora momento de
marchar.

Soledad, no creo que nos volvamos a
encontrar,
ya que allá donde vaya
vendrá conmigo la que hoy ocupa tu
lugar.

Soledad, perdóname de verdad,
ella es tan bonita que te tuve que dejar
marchar.

Raro

Últimamente los días se han vuelto
raros,
pero raros no por el cambio de
temperatura, ni raros por el cambio de
estación, ni raros porque yo esté más
raro de lo normal.
Raros porque rara vez en el día no
pienso lo que mejoraría la situación
estar contigo.
Raros porque es raro desahogarme
escribiendo para alguien que no sé si lo
leerá.
Raros porque se me hace raro no poder
contarte esas pequeñas historias que
me pasan durante el día.
Raros porque rara vez se verá en este
mundo raro, algo tan puro y difícil de
hacer.
Por eso y por más cosas, los días y yo
estamos raros.

Una pareja rara de raros que raramente
se podrá volver a encontrar.

La dichosa pregunta

¿Por qué?

Ojalá pudiera comprimir todo lo que siento en un pequeño poema, pero ni yo mismo sabría describirlo con palabras, seguramente ni existan.

No es solo lo que siento, se trata también, de lo que haría por ti y no haría por nadie más.

Hasta en mi peor pensamiento te tengo presente, hasta cuando me rompí en mil pedazos, donde recogí pequeñas partes de mí y las guardé, por si algún día decides volver.

No sabía

Algo ocurrió al conocerte,
algo extraño ocurrió en mí.
Millones de sentimientos surgieron de
mi alma,
enloqueciéndome así.

¿Qué hago con tanto?
Me pregunté confuso, lo controlé como
pude, aun viendo todo difuso.

Nunca supe como amar,
nunca amé y nunca fui amado.
Inseguro siempre tuve que tener todo
controlado,
sin saber lo que el destino me tenía
preparado;
de un precioso huracán me había
enamorado.

Hasta aquí el día de hoy,
un día más en esta odiosa rutina sin ti.

–Te quiero pequeña.

¿Algo que te haría feliz?

Volver a la noche del primer te extraño.

Solitaria Luna

Me acuerdo y sonrío cuando pienso en
tu manera de besarme,
de ponerte de puntillas y subir el cuello
hacia arriba, como si la hermosa tierra
quisiera besar a la solitaria luna.

La misma luna que, aunque estemos
separados, nos alumbra.
Una luna que vio llanto con el primer *te
amo*, vergüenza con el primer *te quiero*
y cómo se desarrolló este cuento de
amor tan peculiar.

Cuento que utiliza la solitaria luna para
dormir a sus pequeñas estrellas,
"Un cuento de otro planeta".

Pijama de lunares

En este rincón secreto, estamos unidos,
en este rincón secreto, el mundo
exterior queda en el olvido.

El pijama de lunares y el moño en tu
pelo,
tejían noches preciosas de amor y
consuelo.

Una niña risueña, que solía tener
sueño,
normal, en su espalda cargaba el peso
de ser la más hermosa estrella del
extenso cielo.

Estrella no solo por tu dulce e increíble
destello,
estrella por ser eterna en mis
recuerdos.

Él y yo

– ¿Por qué no duermes? Te vendría bien descansar.

– Ojalá pudiera. La presión en el pecho, los pensamientos y las pesadillas hacen que el insomnio me acompañe.

– ¿Pesadillas? ¿De qué tienes miedo?

–Me asusta que si algún día despertara
y olvidara
mi rostro, todavía recordaría el suyo.

Él y Yo

- ¿Si he sido bueno por qué me pasan estas cosas? ¿Por qué no soy feliz?

- Entiendo tu dolor y todo llegará, algún día te darás cuenta que todo sirvió para algo.

- ¿Y ella? ¿Ella se dará cuenta?

- Esa pregunta no te la puedo responder.

- Ella no es el único motivo de mi felicidad, pero es el más bonito de todos ellos.

- ¿Qué dirías tú que es la felicidad?

-No te diré la definición perfecta, no sabría dártela. Lo que sí sé, es que se encuentra entre nuestras miradas.

Perdoné todo, al final jamás me quisiste hacer daño.
Nos merecemos juntos e imparables, merecemos un sané, maduré, volvimos a intentarlo y esta vez funcionó.

Espero sentado, el reloj sigue girando,
eres la más bonita de las esperas.

Diamante sin presión no es diamante.

Nadie, ni el más inepto, cambiaría el oro por el cobre.
Pero cuando se trata de un diamante, ni la más preciada obsidiana valdría como reemplazo.
Colgantes, joyas, piedras preciosas, nada de esas cosas te hacían falta para destacar.

Tú, que tienes zafiros por ojos,
rubíes por labios y un diamante rosa por corazón.

La única persona que sería capaz de asombrar hasta al más veterano joyero,
que por muchos años y dinero que albergara,
jamás tendría la joya más preciada.

Reina

Tú, que reinas en el reino de las
mentes,
donde los pensamientos alzan el vuelo.
Tú, que me ayudas a comprender mis
miedos, mi realidad.

Un refugio que construimos donde mi
alma se desahoga y libera,
un espacio libre donde poder llorar.
Ese pensamiento que durante años me
atormentó,
tú me ayudaste a soltar.

En ti encontré fuerza para superar el
abismo,
gracias a ti, mi mente encontró un
nuevo optimismo.

Con fuerza y coraje en cada paso que
demos,
la adversidad será un desafío que
venceremos.

Impulso incontrolable

Ayer el cielo lloraba mientras veía como
nuestra distancia crecía.
Hasta que ese abrazo le devolvió a éste
su sonrisa soñada.
Una sonrisa acompañada de esa cara
estúpida
que se te pone al ver a la persona que
amas.

El cielo pronto dormía
y las estrellas presenciaban,
ese color intenso
que ebullía de nuestras almas
conectadas.

Criaturas mágicas viendo
cómo bailaban dos almas con la mirada.
Dos almas que conseguían bailar la más
bonita de las baladas.

Déjame

Déjame acariciarte esa precisa piel
rosada.
Déjame abrazar tu pequeño cuerpo.
Déjame escuchar por horas esas
pequeñas
historias que te ocurren durante el día.
Déjame estar cuando consigas todo eso
por lo que hoy luchas.
Déjame ver cómo tu piel se arruga.
Déjame volver a ser yo para siempre.
Déjame mirar esos ojos azules e
intentar no ponerme nervioso.
Déjame llamarte a cada momento para
oír esa dulce voz.
Déjame que lo vuelva a intentar porque
esta vez lo voy a conseguir.

Déjame tenerlo todo
y no me dejes nunca.

La ansiedad ahora mismo es enorme.
Como si un fuego descomunal se acercará
poco a poco a un jardín repleto de rosas.
Poco puedo hacer ahora más que proteger
ese jardín.

*Empecé a entender las canciones de amor,
empecé a llorar con las películas
románticas.*

Perfecta

Eres tan perfecta en este mundo
imperfecto,
que hasta a ti, que eres perfecta, te
buscarían alguna imperfección dentro
de lo perfecto.

Al no encontrar esa imperfección,
se diría que eres tan perfecta,
que ese sería tu defecto.

Incrédulos quedaron al saber que, en
mis ojos, seguías siendo perfecta.
Porque la perfección existe en este
mundo imperfecto y también tiene
defectos.

Defectos tan tuyos, que, sin ellos,
no serías tan perfectamente perfecta.

Intento

Prendo y atiendo el fuego que llevo
dentro,
lo controlo con los dedos,
los mismos que lo encendieron.

Se apaga e intento volver a encenderlo,
con ello es con lo que me caliento.

Llama pequeña pero intensa que me
alienta,
no te apagues todavía,
aún te queda mucho por calentar.

Mi corazón te necesita,
como marinero a su salado mar.

Él y Yo

- *¿Y qué sentiste?*

- Como, con un beso, todo volvió a tener color,
los sentidos se agudizaron y mi mente descansaba en paz mientras la miraba.

- *¿Mereció la pena?*

- Todo mereció la pena, nuestras miradas no mentían. Ese pequeño pueblo a las afueras, donde apenas había vida, presenció una noche mágica que jamás se repetiría.

- *¿Qué pensaste?*

- Que como en Normandía, a morir iría. Lo que no sabía, era que su mirada y sus besos me revivirían.

Él y yo

- Curioso como os miráis, parece que os conocierais de un tiempo pasado.

-En otro tiempo y lugar
nuestras miradas se cruzaron,
en aquel rincón bajo el cielo estrellado,
en aquel momento efímero
donde nuestro destino fue sellado.

Buscando estrellas en el mar
cuando la mía desde arriba
me veía pescar.

Sabes igual que la primera vez.

Volver

Qué bonito es volver a conocerte.
Volver a sentir esos nervios de verte,
como volver a ver tu película favorita
por primera vez, pero apreciando
mejor cada detalle, cada gesto, cada
sentimiento.
Esa notificación que asoma con una
pequeña luna que hace que mi piel se
erice.
Convertir mis pensamientos en un
laberinto que solo tú, tomando mi
mano, haces que tenga salida.
Susurrarme al oído la respuesta de un
problema que solo, no supe solucionar.
Explorar sin brújula un terreno
desconocido y saber que contigo nunca
me perderé.
Pasear por un camino lleno de flores
que se mueven hacia dónde vamos en
sintonía.
Esa flor diferente en el jardín, esa flor
que nunca se marchita.

Sigue

Este no es un poema como otro
cualquiera, este me encantaría que te lo
aprendieras.

Sigue luchando, nunca pares de remar,
sé como tú quieres ser, no como
quieren los demás.
Falla y sigue, mi ser nunca te juzgará,
orgulloso está de la mujer que eres y
serás.

Has superado cosas que poca gente
podría,
guerrera por tu fortaleza y por tu
valentía.
Gracias por ser como eres y nunca
darte por vencida.

En mi corazón tu esfuerzo será
evidente, porque eres alguien a quien
admiro profundamente.

Mañanas

Deseo ser la persona con la que
despiertas cada mañana.

Con la que te enfadas si te habla mucho
durante el café.

A la que miras con esos ojos hinchados
si no duermes bien.

Con la que jamás te cansarías de ver
amanecer.

Tu sitio

Gracias por enseñarme tu rincón,
donde tu cuerpo y mente descansan,
donde conectas con aquello que calma.

Mentías al prometer que era el sitio
más bonito del mundo, realmente eras
tú quien lo hacía precioso.

La puesta de sol se veía mucho más
bonita reflejada en tus ojos.

Me quité las pocas vendas que me quedaban y te las puse, esperando poder ayudar a que sanaras.

El cielo se sintió pequeño cuando escuchó
como hablaba de ti a las nubes.

Él y yo

- Mi alma sigue allí, en ese lugar.

- *Sin duda, un sitio especial.*

- Ese cuarto donde nos prometimos estar, donde comenzamos una etapa sin saber a dónde nos iba a llevar, donde con su sí, mi vida comenzó a brillar.

Él y yo

- *¿Qué harás hoy?*

- Bueno, la misión de cada día es
pensar un poco menos en ella, pero
cómo no, he fracasado.
No he perdido la guerra, sólo una de las
miles de batallas que aún me quedan.

- *Ojalá no fueran miles.*

- Lucharé por este amor como si mi
vida dependiera de ello.

Cambios

En poco tiempo mis noches cambiaron.
De pasar calor en esa pequeña
habitación,
a helarme de frío en ese gigantesco
habitáculo.

De preparar cena para dos,
a ni siquiera cocinar para uno.
De apagar la luz a regañadientes,
a nunca encenderla.

De no querer que acabaran,
a rezar que pasaran cuanto antes.
De probar tus dulces labios,
al sabor salado de mis lágrimas.

Te busqué

Te prometo que te busqué.
Te busqué en mis pensamientos más profundos,
en donde nadie ha llegado jamás.

Te busqué tanto, que ni yo sabía dónde estaba,
me costó horrores llegar hasta ese lugar.

Te busqué tanto, que no supe volver a mi hogar,
mi hogar eres tú y por desgracia no te pude encontrar.

Ojalá algún día leas esto y todo haya quedado en anécdota.
Una anécdota horrible eso sí,
una anécdota escrita en el diario de un estúpido enamorado.

Y si esto acaba aquí, jamás me arrepentiré.

Te amo.

¿Te acuerdas?

¿Te acuerdas cuando con un abrazo
quemabas mis penas?
Podía quedarme horas mirándote y
contando tus pequeñas pecas.

¿Te acuerdas cuando te acurrucabas en
mi pecho?
Esas pequeñas historias se quedaron
entre mis paredes y techo.

¿Te acuerdas de la promesa que nos
hicimos?
Mi corazón y mi mente siguen fieles a
lo que nos prometimos.

Un largo viaje

Camino desorientado hacia algún lado,
busco migas como rastro,
los pájaros debían estar hambrientos.

El camino mojado y mi suela lisa,
todos dicen que pare,
amables viajeros repiten
aconsejándome.

¿Acaso ellos saben el atardecer que me
espera después de este duro y cansado
viaje?

Él y yo

– ¿Llegaste a comprender lo que ella sentía, lo que en su momento advertía?

– Llegué a entenderlo en la distancia,
podía escucharla a lo lejos, aunque no hablara.
Quise romper con todo y correr hacia ella,
pero comprendí que el amor nunca llega con prisa, llega cuando llega.

Él y yo

- Este es el final.

- *Por última vez, ¿Qué sientes?*

- Tengo miedo.

- *Es normal que tengas miedo, es el sentimiento más humano que existe, será duro, pero tú podrás con ello.*

- ¿Y ahora? ¿En algún final la historia acaba bien?

- *¿El final? Te queda tanto para el final...*

- Gracias por todo, te echaré de menos.

- *Siempre que me necesites aquí estaré.*
Una última cosa, ve.

Gracias…
Gracias a todas esas personas que
escucharon
a este corazón roto,
Gracias a vosotros que me ayudasteis a
sacar este
pequeño trozo de mí adelante.
Gracias a todos esos profesionales que
dedican sus vidas a luchar contra esta
epidemia que castiga nuestro mundo,
gracias a todos los profesionales
dedicados a la Salud Mental.